Ich danke Alim Welitow
für die Hilfe bei der Arbeit an diesem Buch.
Igor Oleynikov

Aus Verantwortung für die Umwelt hat sich der Fischer Kinder- und Jugendbuch Verlag zu einer nachhaltigen Buchproduktion verpflichtet. Der bewusste Umgang mit unseren Ressourcen, der Schutz unseres Klimas und der Natur gehören zu unseren obersten Unternehmenszielen.

Gemeinsam mit unseren Partnern und Lieferanten setzen wir uns für eine klimaneutrale Buchproduktion ein, die den Erwerb von Klimazertifikaten zur Kompensation des CO_2-Ausstoßes einschließt.

Weitere Informationen finden Sie unter
www.klimaneutralerverlag.de

Russischer Originaltitel:
ТЕРЕМОК
Illustrationen © 2018
Igor Oleynikov
Die deutsche Ausgabe wurde vermittelt durch Lit.Agency (ask@litagency) und die Literaturagentur Maria Schliesser

Erschienen bei FISCHER Sauerländer

© 2022 Fischer Kinder- und Jugendbuch Verlag GmbH, Hedderichstr. 114, D – 60596 Frankfurt am Main
Umschlaggestaltung und Satz: Dahlhaus & Blommel Media Design GmbH, Vreden
Druck und Bindung: Grafisches Centrum Cuno GmbH & Co. KG, Calbe
Printed in Germany
ISBN 978-3-7373-5740-1

Weitere Informationen zum Kinder- und Jugendbuchprogramm der S. Fischer Verlage finden Sie unter
www.fischerverlage.de

Igor Oleynikov

WILLKOMMEN
IM HAUS DER TIERE

Aus dem Russischen von
Christiane Pöhlmann

FISCHER SAUERLÄNDER

DIE MAUS MIT HAUS

Es war einmal eine Maus, ganz ohne Haus,
die rannte über ein Feld, das war mit Erbsen bestellt.

Prima!, dachte die Maus, das gibt 'nen herrlichen Schmaus!
Nun brauch ich bloß noch ein Haus!

Ich werd mir was bau'n, und zwar schön groß!

Und schon legte die Maus los.

Das Haus geriet famos, die Maus zog ein,
das war fein.

DIE EI-EI-DECHSE, DIE KLEINE ZISCHELDECHSE

Da hörte die Maus mit dem Haus, wie es draußen knarrte und scharrte
und wie eine Stimme erklang:
»Wer wohnt in dem Haus? Wer, wer, wer?«

»Da wohne ich, die Maus mit Haus. Und wer bist du?«
»Ich bin die Ei-Ei-dechse, die kleine Zischeldechse.«
»Komm mit«, sagte die Maus, »dann bin ich nicht mehr allein.«

»Fein«, erwiderte die Eidechse.

Und schon schlüpfte sie mit hinein,

und beide war'n zu zwei'n.

DER FROSCH QUAKMAUL

Da kam ein Frosch herbeigehüpft.
»Wer wohnt in dem Haus? Wer, wer, wer?«

»Hier wohne ich, die Maus mit Haus,
und die Ei-Ei-dechse, die kleine Zischeldechse. Und wer bist du?«
»Ich bin der Frosch Quakmaul.«

»Dann komm doch rein!«

»Wird gemacht«, sagte der Frosch und hüpfte an ihr vorbei.

Da lebten in dem Haus schon drei.

DAS EICH-SPRING-INS-HÖRNCHEN

Da kam ein Eichhörnchen angesprungen. »Wer wohnt in dem Haus? Wer, wer, wer?«
»Hier wohne ich, die Maus mit Haus, und die Ei-Ei-dechse, die kleine Zischeldechse,
und der Frosch Quakmaul. Und wer bist du?«

»Ich bin Eich-spring-ins-Hörnchen.«
»Dann spring doch herein.«

»Danke, das ist echt nett.«

Und schon lebten sie als Quartett.

DER HASE CLEVER-PFEFFER

Da kam ein grauer Hase angehoppelt. »Wer wohnt in dem Haus? Wer, wer, wer?«
»Hier wohne ich, die Maus mit Haus, und die Ei-Ei-dechse, die kleine Zischeldechse,
und der Frosch Quakmaul und Eich-spring-ins-Hörnchen. Und wer bist du?«

»Ich bin der Hase Clever-Pfeffer.«
»Bleib doch nicht draußen steh'n!«
»Das lass ich mir nicht entgeh'n!«

Und schon waren fünf im Haus zu seh'n.

DIE FRAU FÜCHSIN

Da kam eine Füchsin angetrottet.

»Wer wohnt in dem Haus? Wer, wer, wer?«
»Hier wohne ich, die Maus mit Haus, und die Ei-Ei-dechse,
die kleine Zischeldechse, und der Frosch Quakmaul
und Eich-spring-ins-Hörnchen und der Hase Clever-Pfeffer.
Und wer bist du?«

»Ich bin die Frau Füchsin, elegant von Kopf bis Fuß.«
»Dann tritt ein!«

»Da sag ich nicht nein.«

Und auch für sechs war das Haus nicht zu klein.

DER GRAUE WOLF

Da kam der graue Wolf angeschlichen.

»Wer wohnt in dem Haus?
Wer, wer, wer?«

»Hier wohne ich, die Maus mit Haus,
und die Ei-Ei-dechse, die kleine Zischeldechse,
und der Frosch Quakmaul und Eich-spring-ins-Hörnchen
und der Hase Clever-Pfeffer
und die Frau Füchsin, elegant von Kopf bis Fuß.
Und wer bist du?«
»Ich bin der graue Wolf von hinterm Strauch!«
»Dann komm herein, bei uns gefällt es dir sicher auch!«

»Aus dem Weg!«, brüllte der Wolf

und polterte sogleich ins Haus.

»Aber Wolf, guter Grauer! So geht das nicht!«, schrien alle sechs.
»Für uns bleibt ja gar kein Platz mehr!«
»Für euch nicht«, sagte der Wolf, »für mich aber schon.«

DER BÄR
BERT BLEIFUß

Da fingen alle an zu jammern
und über den Wolf zu schimpfen!
Das hörte der Bär Bert Bleifuß.

Blatsch, blotsch, blutsch!
»Wer jault hier und lässt mich nicht schlafen?«
Sofort hatten die sechs eine Antwort bereit
und klagten Bert Bleifuß ihr Leid.
Der Wolf aber, der knurrte nur und grinste breit.

Mehr brauchte Bert Bleifuß nicht zu wissen,
er stapfte zum Haus und holte aus – nur ging dann alles zu Bruch!

Alle sechs nahmen Reißaus …

... und die Maus, wieder ohne Haus,
dachte bei sich: Ach was, eins, zwei, drei steht ein neues da,

noch mal so fein,
aber da lassen wir den Wolf dann nicht mehr rein!